Dieses Buch gehört

Inhaltsverzeichnis

Liam der Löwe mit dem leisen Brüllen 2

Benji die Fledermaus, die Angst im Dunkeln hat 6

Arnold der Igel, der seine Stacheln nicht mag 10

Max der kleine Affe mit den großen Ohren 14

Ella der Elefant, der nicht tröten kann 18

Rudolf der Rabe mit Höhenangst 22

Lars der kleine wasserscheue Otter 26

Nina das kleine Nashorn mit dem großen Horn 30

Oscar der orangene Oktopus 34

Was dieses Buch besonders macht

Dieses Buch lädt dein Kind dazu ein, die Geschichten von einzigartigen Tierfreunden zu entdecken. Jede Geschichte ist nicht nur beruhigend zum Einschlafen, sondern vermittelt auch wichtige Werte.

Liam, der leise brüllende Löwe, Benji, die ängstliche Fledermaus, Arnold, der Igel, der seine Stacheln nicht mag – all diese Tiere lernen, dass das, was sie anders macht, ihre größte Stärke sein kann. Dein Kind wird auf spielerische Weise ermutigt, Selbstvertrauen zu entwickeln und sich so anzunehmen, wie es ist.

Die Geschichten zeigen, dass es normal ist, manchmal unsicher zu sein, und helfen dabei, Mut, Akzeptanz und Mitgefühl zu fördern. Sie bieten eine wertvolle Gelegenheit, mit deinem Kind über Gefühle und das Anderssein zu sprechen – und das in einer sanften, kindgerechten Weise.

Liam der Löwe mit dem leisen Brüllen

Liam, der Löwe, lebt in der Savanne und spielt gerne mit seinen Freunden. Während die anderen Löwenkinder laut brüllen können, ist Liams Brüllen eher ein leises, sanftes „Roaaar". Die anderen Löwenkinder lachen manchmal und fragen: „Bist du überhaupt ein richtiger Löwe, wenn du so leise brüllst?"

Das macht Liam traurig. Er setzt sich oft an einen schattigen Baum und beobachtet, wie die anderen Löwen fröhlich spielen. „Warum kann ich nicht so laut brüllen wie die anderen?", denkt er.

Eines Tages begegnet Liam einem kleinen Vogel, der aus dem Nest gefallen ist. Der Vogel zittert und hat Angst. Liam geht vorsichtig näher und flüstert: „Keine Sorge, ich bin hier, um dir zu helfen."
Mit seiner sanften Stimme beruhigt er den Vogel, der dann aufhört zu zittern.

Liam bringt den Vogel zurück in sein Nest und fühlt sich glücklich. Plötzlich hört er seine Freunde rufen: „Liam, komm her! Wir brauchen deine Hilfe!“ Die Löwenkinder sind in ein dichtes Gebüsch geraten und finden den Weg nicht mehr heraus. Sie rufen laut um Hilfe, aber keiner kann sie hören.

Liam läuft zu ihnen und setzt sich ruhig vor das Gebüsch. „Habt keine Angst. Ich bin da“, sagt er sanft. Die anderen Löwen hören seine ruhige Stimme und beruhigen sich. Gemeinsam schaffen sie es, einen Weg aus dem Gebüsch zu finden.

Die Löwenkinder schauen Liam erstaunt an. „Du hast uns geholfen, obwohl du leise brüllst!“, sagen sie. „Ja“, antwortet Liam, „manchmal ist es wichtiger, ruhig und mutig zu sein.“

Von diesem Tag an wissen die Löwenkinder, dass es nicht immer auf die Lautstärke ankommt, sondern auf das Herz. Und Liam, der Löwe mit dem leisen Brüllen, wird zu ihrem größten Helden.

Benji die Fledermaus, die Angst im Dunkeln hat

Benji, die kleine Fledermaus, lebt in einer großen Höhle im Wald. Alle anderen Fledermäuse lieben es, nachts rauszufliegen, doch Benji hatte ein Problem: Er hatte Angst vor der Dunkelheit. Während seine Freunde fröhlich in die Nacht hinausflatterten, blieb Benji oft zitternd in der Höhle zurück.

„Komm doch mit, Benji!", rufen die anderen. Doch Benji schüttelte den Kopf. „Ich traue mich nicht", murmelt er leise. Die Dunkelheit machte ihm Angst, und er fühlte sich darin verloren.

Eines Abends, als alle Fledermäuse unterwegs sind, sitzt Benji allein in der Höhle. Plötzlich hört er ein leises Rascheln und sieht ein kleines Glühwürmchen. „Warum bist du so traurig?", fragt das Glühwürmchen sanft. „Ich habe Angst vor der Dunkelheit", antworte Benji.

Das Glühwürmchen lächelt. „Ich verstehe", sagt es. „Aber weißt du, die Dunkelheit kann auch schön sein. Lass uns gemeinsam hinausgehen. Ich leuchte dir den Weg."

Benji zögert, doch schließlich nickt er. Zusammen mit dem Glühwürmchen fliegt er vorsichtig aus der Höhle. Draußen entdeckt Benji, wie wunderschön die Nacht sein kann. Er sieht die funkelnden Sterne, den Mond, der silbern schimmert, und hört die sanften Geräusche des Waldes.

„Es ist ja gar nicht so schlimm!", ruft Benji überrascht. Mit jedem Flügelschlag fühlt er sich mutiger. Er erkennt, dass die Dunkelheit nicht bedrohlich, sondern voller kleiner Wunder war.

Von diesem Abend an wagte sich Benji immer öfter hinaus in die Nacht. Seine Angst wurde kleiner, und sein Mut wuchs. Er lernte, dass die Dunkelheit nichts war, wovor man sich fürchten musste. Und seine Freunde staunten, wie mutig Benji geworden war.

Nun flog Benji jede Nacht fröhlich mit den anderen Fledermäusen durch den Wald – und das Glühwürmchen war immer an seiner Seite, um ihm zu zeigen, dass es okay ist, manchmal Angst zu haben. Denn wahre Stärke bedeutet, sich seinen Ängsten zu stellen.

Arnold der Igel, der seine Stacheln nicht mag

Arnold, der kleine Igel, lebte in einem wunderschönen Wald voller bunter Blumen und zwitschernder Vögel. Doch Arnold war oft traurig. „Warum?“, fragten seine Freunde, die Hasen und Eichhörnchen, „was bedrückt dich so?“

„Es sind meine Stacheln“, seufzte Arnold. „Sie sind so spitz und hart. Niemand kann mich umarmen, und ich kann auch niemanden umarmen, ohne zu pieksen.“
Arnold wünschte sich nichts mehr, als weich und kuschelig zu sein wie die anderen Tiere im Wald.

Eines Tages beschloss Arnold, seine Stacheln zu verstecken. Er rollte sich in dicke Blätter und wickelte sich darin ein.
„So! Jetzt bin ich weich und ungefährlich!“, sagte er sich stolz und machte sich auf den Weg zu seinen Freunden.

Doch als er bei den Hasen und Eichhörnchen ankam, riefen sie erschrocken: „Arnold, pass auf!“ Bevor Arnold es bemerkte, war er beinahe in eine dornige Hecke gestolpert. Erschrocken blieb er stehen. Zum Glück hatten die Blätter ihn geschützt, doch sie hatten sich an einigen Stellen gelöst, und seine Stacheln kamen zum Vorschein.

„Puh, das war knapp!", sagte Arnold erleichtert. Da wurde ihm klar, dass seine Stacheln ihn vor Gefahren schützten. „Vielleicht sind meine Stacheln doch nicht so schlecht", dachte er.

Ein paar Tage später kam ein heftiger Sturm auf. Die kleinen Tiere suchten Schutz, und Arnold rollte sich eng um seine Freunde. Seine Stacheln bildeten einen sicheren Schild, der sie vor den peitschenden Zweigen und dem Wind schützte.

„Du hast uns gerettet, Arnold!", riefen die Hasen und Eichhörnchen dankbar. Arnold lächelte. Zum ersten Mal fühlte er sich stolz auf seine Stacheln. „Vielleicht kann ich nicht umarmen wie die anderen", dachte er, „aber auf meine Weise kann ich meine Freunde beschützen."

Von diesem Tag an wusste Arnold, dass seine Stacheln ihn nicht nur besonders, sondern auch stark machten. Und er lernte, sich so zu akzeptieren, wie er war – ein kleiner Igel mit einem großen, stacheligen Herzen.

Max der kleine Affe mit den großen Ohren

Max, der kleine Affe, lebte im dichten Dschungel mit vielen anderen Tieren. Doch Max fühlte sich anders. Seine Ohren waren viel größer als die der anderen Affen. Oft hörte er, wie die anderen lachten und riefen: „Schau mal, wie groß seine Ohren sind!"

Max wurde traurig. „Warum müssen meine Ohren so groß sein?", dachte er. „Sie sind nur im Weg." Er versuchte, sie zu verstecken, aber nichts half.

Eines heißen Tages spürte Max, dass etwas nicht stimmte. Er legte seine großen Ohren an und lauschte. „Da ist ein leises Rauschen, weit entfernt!", rief er. Seine Freunde schauten ihn erstaunt an.

„Was hast du gehört, Max?", fragten sie. Max schloss die Augen und hörte genauer hin. „Da kommt ein Sturm! Wir müssen uns schnell verstecken!"

Die anderen Affen zögerten, doch als sie Max' besorgten Gesichtsausdruck sahen, vertrauten sie ihm. Gemeinsam suchten sie Schutz in einer Höhle, in der Papageien lebten. Kurz darauf brauste der Sturm durch den Dschungel, riss Blätter und Äste von den Bäumen und ließ den Wald erzittern.

Nachdem der Sturm vorüber war, kletterten die Affen aus der Höhle. „Max, du hast uns gerettet!", riefen sie dankbar. „Dank deinen großen Ohren konnten wir uns rechtzeitig verstecken."

Max lächelte schüchtern. Zum ersten Mal in seinem Leben fühlte er sich nicht anders, sondern besonders. „Vielleicht sind meine großen Ohren gar nicht so schlecht", dachte er. Von diesem Tag an war Max stolz auf seine Ohren. Er lernte, dass das, was ihn anders machte, auch seine größte Stärke sein konnte.

Und so sprang Max wieder fröhlich durch den Dschungel und seine großen Ohren flatterten im Wind – er hörte jedes noch so kleine Geräusch, und war bereit, seinen Freunden zu helfen, wenn sie ihn brauchten.

Ella der Elefant, der nicht tröten kann

Ella, der kleine Elefant, lebte in der Savanne mit ihrer Familie. Alle Elefanten konnten laut trompeten, doch bei Ella kam nur ein leises „Pfff…" aus ihrem Rüssel. Die anderen Elefanten lachten und sagten: „Ach, Ella, versuch es noch einmal!" Aber es klappte nicht.

Ella wurde traurig. „Warum kann ich nicht trompeten wie die anderen?", dachte sie. Sie zog sich zurück und übte heimlich, doch es blieb bei einem sanften „Pfff…".

Eines Tages zog ein schwerer Sturm auf, und die Elefanten suchten Schutz. In der Eile blieb ein kleines Elefantenbaby zurück. Es hatte sich in einem dichten Busch verirrt.

Ella entdeckte das Baby und wollte laut trompeten, um die Herde zu rufen, doch es kam nur wieder ein leises „Pfff…".

Da hatte Ella eine Idee. Sie stellte sich neben das kleine Baby mit den blauen Augen und raschelte mit ihrem Rüssel das Gras. Es klang wie das Flüstern des Windes. Die anderen Elefanten hielten inne und lauschten.

„Das ist Ella!", rief einer der älteren Elefanten. Die Herde folgte dem Geräusch und fand Ella und das Elefantenbaby sicher im Gras.

„Du hast uns geholfen, Ella!", sagten die anderen Elefanten. „Dein leises Rascheln hat uns den Weg zu unserem verlorenen Baby gezeigt."

Ella lächelte stolz. Sie wusste nun, dass sie nicht laut sein musste, um wichtig zu sein. Von diesem Tag an liebte sie ihr leises „Pfff...".

Rudolf der Rabe mit Höhenangst

Rudolf, der kleine Rabe, lebte mit seiner Familie in einem hohen Baum am Waldrand. Alle Raben liebten es, hoch in den Himmel zu fliegen und die Welt von oben zu betrachten. Doch Rudolf hatte ein Problem: Er hatte schreckliche Angst vor der Höhe.

Während seine Geschwister fröhlich durch die Lüfte flogen, blieb Rudolf zitternd auf dem Ast sitzen. „Komm doch mit, Rudolf!“, riefen sie ihm zu. Aber Rudolf schüttelte den Kopf und klammerte sich mit seinen Krallen am Ast fest. „Ich traue mich nicht“, murmelte er leise.

Die anderen Raben verstanden ihn nicht. „Du bist ein Rabe! Raben gehören in den Himmel!“, sagten sie. Rudolf wurde traurig und wünschte sich, so mutig zu sein wie seine Geschwister. Er übte jeden Tag, ein kleines Stück zu fliegen, aber seine Angst blieb.

Eines Tages geriet ein kleines Eichhörnchen in Not. Es war auf einen Ast geklettert, der abgebrochen war und rief um Hilfe. Die anderen Raben flogen los, aber der Ast war zu niedrig und zu nah am Boden, um ihn zu erreichen.

Da bemerkte Rudolf das Eichhörnchen und sein Herz pochte heftig. „Ich bin nicht hoch oben", dachte er, „vielleicht kann ich helfen!" Zittrig breitete er seine Flügel aus, sprang vom Ast und flog hinunter zum Eichhörnchen.

Mit einem sanften Flügelschlag landete er vorsichtig neben dem kleinen Tier. „Halte dich an mir fest!", rief er. Das Eichhörnchen kletterte auf Rudolfs Rücken, und mit aller Kraft flog Rudolf langsam und sicher zurück zum sicheren Ast.

Die anderen Raben staunten. „Du hast das Eichhörnchen gerettet! ", riefen sie begeistert. Rudolf lächelte stolz. Zum ersten Mal hatte er seine Angst überwunden – und gemerkt, dass man mutig sein kann, auch wenn man sich fürchtet.

Von diesem Tag an wusste Rudolf, dass er nicht hoch fliegen musste, um ein echter Rabe zu sein. Er liebte es, dicht über dem Boden zu fliegen, den Wald zu erkunden und anderen zu helfen. Denn manchmal sind die kleinen, mutigen Schritte die wichtigsten.

Lars der kleine wasserscheue Otter

Lars, der kleine Otter, lebte am Flussufer mit seiner Familie. Alle Otter liebten es, im Wasser zu schwimmen und zu spielen, doch Lars hatte ein Problem: Er hatte Angst vorm Wasser.

Während seine Geschwister fröhlich durch die Wellen tauchten, saß Lars zitternd am Ufer. „Komm doch mit, Lars!", riefen sie ihm zu. Aber Lars schüttelte den Kopf. „Ich traue mich nicht", murmelte er leise. Er stellte sich vor, wie er untertauchen und die Kontrolle verlieren könnte. Die anderen Otter verstanden ihn nicht. „Du bist ein Otter! Otter gehören ins Wasser!", sagten sie. Lars wurde traurig und wünschte sich, auch so mutig zu sein wie die anderen Otter.

Eines Tages begann es stark zu regnen und der Fluss schwoll schnell an. Das Wasser floss immer schneller und höher, und plötzlich hörte Lars ein leises Quieken. Er blickte auf und sah ein kleines Entenküken, das von der Strömung mitgerissen wurde und panisch versuchte, sich über Wasser zu halten.

Lars' Herz klopfte heftig. „Ich habe Angst", dachte er, „aber das Küken braucht meine Hilfe!"

Ohne zu zögern sprang Lars ins Wasser. Die Strömung zerrte an ihm, aber er paddelte kräftig und schwamm so schnell er konnte.

Bald erreichte er das zitternde Küken, das sich an seinem Rücken festklammerte. Lars paddelte zurück zum Ufer und hatte dabei seine Angst völlig vergessen. Er atmete erleichtert auf.

„Lars, du hast das Küken gerettet!", riefen die anderen Otter bewundernd. Lars freute sich und sagte „Vielleicht habe ich Angst, aber ich kann trotzdem mutig sein."

Von diesem Tag an übte Lars, ins Wasser zu gehen. Seine Angst wurde immer weniger und er wusste, dass er mit ein wenig Übung jeden Tag ein bisschen mutiger werden kann.

Nina das kleine Nashorn mit dem großen Horn

Nina, das kleine Nashorn, lebte in der weiten Savanne mit ihrer Familie. Doch Nina war oft traurig. Sie mochte ihr Horn nicht, das mitten auf ihrer Nase saß. „Warum muss es so groß und spitz sein?", fragte sie sich oft.

Die anderen Tiere bewunderten ihr Horn. „Es ist so stark und mächtig!", sagten sie. Doch Nina fühlte sich unwohl damit. „Es ist einfach im Weg", murmelte sie und versuchte, es hinter hohen Gräsern zu verstecken. Sie wünschte, sie könnte aussehen wie die Zebras und Antilopen – ohne ein großes Horn auf der Nase.

Eines heißen Tages, als die Sonne brannte und es kein Wölkchen am Himmel gab, machten sich die Tiere der Savanne auf die Suche nach Wasser. Der nahegelegene Teich war ausgetrocknet, und die Tiere waren durstig. Sie fanden schließlich eine kleine, versteckte Wasserstelle, doch sie war von dichten Dornenbüschen umgeben.

Die Zebras und Antilopen versuchten vorsichtig, einen Weg durch die Dornen zu finden, aber sie kamen nicht weiter. „Was sollen wir tun?", riefen sie verzweifelt. Nina beobachtete das Ganze aus der Ferne und fühlte, wie ihr Herz schneller schlug.

„Vielleicht kann ich helfen“, dachte sie zögernd. Sie trat vor, nahm all ihren Mut zusammen und senkte ihr großes, starkes Horn. Mit einem kräftigen Schub schob sie die Dornenäste beiseite und schaffte einen Pfad zur Wasserstelle.

Die Tiere jubelten. „Du hast uns geholfen, Nina!“, riefen sie glücklich. „Dank deinem starken Horn können wir jetzt Wasser trinken!“

Nina staunte. Zum ersten Mal war sie stolz auf ihr Horn. „Vielleicht ist es doch nicht so schlecht, ein großes Horn zu haben“, dachte sie lächelnd. Die anderen Tiere drängten sich zur Wasserstelle und tranken es durstig.

Von diesem Tag an lief Nina selbstbewusst durch die Savanne. Sie hatte gelernt, dass ihr Horn nicht nur ein Teil von ihr war, sondern auch eine Stärke, auf die sie stolz sein konnte. Und immer, wenn die Tiere einen schwierigen Weg durch die Dornen oder das hohe Gras suchten, wussten sie: Nina und ihr mächtiges Horn werden ihnen helfen.

Oscar der orangene Oktopus

Oscar, der kleine Oktopus, lebte in einem farbenfrohen Korallenriff mit vielen anderen Tieren. Alle seine Oktopus-Freunde konnten ihre Farben blitzschnell ändern, um sich zu tarnen oder mit den Fischen zu spielen. Doch Oscar hatte ein Problem: Egal wie sehr er es versuchte, seine Farbe blieb immer gleich.

Die anderen Oktopusse lachten oft liebevoll und sagten: „Ach, Oscar, versuch es doch noch einmal!" Oscar probierte es immer wieder, doch seine Haut blieb unverändert in einer orangenen Farbe. „Warum kann ich nicht die Farbe wechseln wie die anderen?", dachte er traurig.

Eines Tages schwammen alle Fische plötzlich aufgeregt umher. Ein großer Fisch näherte sich dem Riff und suchte nach Beute. Die Oktopusse verschwanden blitzschnell, indem sie ihre Farben an die Korallen anpassten und unsichtbar wurden. Doch Oscar blieb sichtbar – er konnte sich nicht verstecken.

Oscar zitterte, doch dann bemerkte er etwas: Seine leuchtend orangene Farbe schien den großen Fisch zu verwirren. Der Fisch schwamm um Oscar herum, als ob er nicht verstehen konnte, warum der Oktopus so ruhig und farbenfroh war. Schließlich drehte der Fisch um und verschwand, weil er dachte, dass Oscar kein gefährliches Tier war, sondern vielleicht eine Koralle.

Die anderen Oktopusse kamen aus ihren Verstecken und schauten erstaunt. „Oscar, du hast uns gerettet!", riefen sie. „Dank deiner leuchtenden Farbe hat der Fisch uns in Ruhe gelassen!" Oscar lächelte zum ersten Mal stolz. Er hatte verstanden, dass seine einzigartige orangene Farbe ihm und seinen Freunden geholfen hatte.

Von diesem Tag an war Oscar glücklich mit seiner leuchtenden orangenen Farbe. Er wusste, dass er nicht wie die anderen sein musste, um etwas Besonderes zu sein.

Impressum

Deutschsprachige Erstausgabe Oktober 2024

Diana Bayer wird vertreten durch:
Kunabis Kreativ Verlag
c/o Block Services
Stuttgarter Str. 106
70736 Fellbach

1. Auflage

ISBN-Taschenbuch: 978-3-910952-04-1

Printed in Poland
by Amazon Fulfillment
Poland Sp. z o.o., Wrocław

44267384R00025